Religious Poems
Poems
in English
and Spanish

Poemas Religiosos
en Ingles y Español

Rudy Sikora

authorHOUSE®

AuthorHouse™
1663 Liberty Drive
Bloomington, IN 47403
www.authorhouse.com
Phone: 1-800-839-8640

Published by AuthorHouse 12/13/2012

ISBN: 978-1-4772-9749-0 (sc)
ISBN: 978-1-4772-9748-3 (e)

Library of Congress Control Number: 2012923278

Religious Poems in English and Spanish

Poemas Religiosos en Ingles y Español

Introduction

This book is describing certain religious poems and transcribed into the Spanish Language. This is not a true translation but gives the reader an understanding of the subject spoken.

The theme of the poems is an interpretation of religious life, as it was lived by Jesus Christ. Jesus's philosophy was to teach humanity in good living standards. Evil is the negative living standard which cannot be shaken away from them. By believing Christ teaching makes it possible to enter the heavenly abode.

Introducción

Este libro describe algunos poemas religiosos y transcritos en la lengua española. Esto no es una verdadera traducción pero da al lector una comprensión de lo hablado. El tema de los poemas es una interpretación de la vida religiosa, como la vivía Jesucristo. La filosofía de Jesús era enseñar a la humanidad un buen nivel de vida. El mal es el estándar de vida negativo el cual no puede alejarse de ellos. Creyendo en la enseñanza de Cristo hace posible entrar en la morada celestial.

Preface

America is a land of freedom and opportunity. God loves you for your devotion recognizing the beautiful America. The people are comprised of many nationalities of which the Spanish community is very close to one of the largest societies. Most of the people come to America seeking better living conditions. The change of the Hispanics into the English language becomes quite often a disaster. The society tends to concentrate on the Spanish language environment. This becomes a nuisance, because the learning of the English language is very slow. Most of the people begin working as servants because this is the only environment available for them. After they've been here for several years they begin to look closer to education and take advantage of studying on some university and get a certificate of education or a bachelor degree. This will elevate their earnings ability to get better paid jobs.

Prologo

América es una tierra de libertad y oportunidades. Dios te ama por su devoción reconociendo la hermosa América. La gente se compone de muchas nacionalidades, de los cuales la comunidad hispana está muy cerca de una de las más grandes sociedades. La mayoría de las personas que viene a Estados Unidos buscando mejores condiciones de vida. El cambio de los hispanos en el idioma inglés se hace a menudo un desastre. La sociedad tiende a concentrarse en el entorno de la lengua española. Esto se convierte en una molestia, porque el aprendizaje del idioma inglés es muy lento. La mayoría de la gente comienza a trabajar como sirvientes, porque es el único ambiente disponible para ellos. Después de que han estado aquí por varios años empiezan a mirar más cerca a la educación y aprovechar las ventajas de estudiar de alguna Universidad y obtener un certificado de educación o una licenciatura. Esto eleva su capacidad de ingresos y obtener mejores empleos.

Published books by the Author

I live with my beautiful Maria
Available form; Author house
ISBN 1-42082127-X (sc)

Essentiality of Good & Evil
Available from; Tate publishing &
Enterprises
ISBN 1-59886641-2-2

Essentiality of Good & Evil Revised
Published by Jones Harvest
ISBN 978- 1- 60388-160-5
Published by Jones Harvest
ISBN 1-60388-168-9

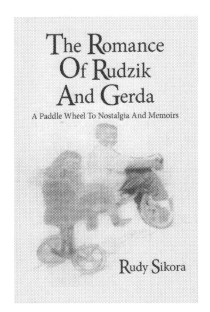

The romance of Rudzick and Gerda
Available from Author house
ISBN; 978-1- 4259-8469-4 (sc)

Justice on the run
Jurisprudence on the Rise
Available from authorHouse
ISBN: 978-1-4259-9244-6(sc)

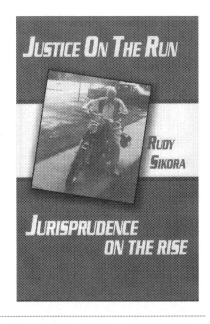

Utopia:
Published by AuthorHouse.
ISBN: 978-1-43432325-5 (sc)
ISBN: 978-1-4343-2737-6 (sc)

Mysticism in the Courtroom

ISBN 978-1-46858728-9 (sc)
ISBN 978-1-4685-8731-9 (e)
Also available in Ebook form
Published by Author house
ISBN 978-1-4490-8547-6 (sc)

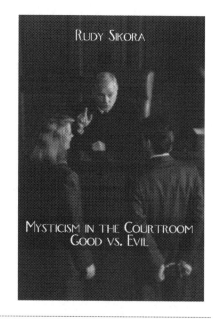

The Mystical World of Love
Published by Author house
ISBN; 978-1-4490-8546-9 (e)
ISBN; 978-1-4490-8547-6 (sc)
ISBN; 978-1-4490-8548-3 (hc)
Also available in Ebook

This book contains poems that I have written over many years. I would like to present these poems to the public for their reading pleasure. The subject matter of the poems include LOVE, GOD, ENVY, ANGER and LIFE.

Published by DiggyPOD - October 2011
Available by request (no ISBN)

Published by AuthorHouse 7/24/2012
Available in E-book form through
various online stores including
Amazon.com.

ISBN 978-1-4772-4551-4 (hc)
ISBN 978-1-4772-4552-1 (e)
ISBN 978-1-4772-4553-8 (sc)

Aknowledgements

Editor: Wilmer A Lopez

Dedication

I dedicate this book to Jakub Grundszok. Jakub is the youngest son in the Sikora family. I know that Jakub does not understand either the English or Spanish Languages. I assume that this would stimulate him to learn other than remain in the Polish language.

Dedicatoria

Dedico este libro a Jakub Grundszok. Jakub es el hijo menor de la familia Sikora. Sé que Jakub no entiende ni el idioma Inglés ni el Español. Supongo que esto estimularía a él para aprender otros lenguajes además del idioma Polaco.

Contents

The author did not feel appropriate to create the content of this material, since this book is about poems written in English and transcribed into the Spanish language. This should give the reader the freedom to read any poem at the time when either he/she opens the book.

Contenido

El autor no sintió apropiado crear el contenido de este material, ya que este libro es acerca de poemas escritos en inglés y transcritos en la lengua española. Esto le debería dar al lector la libertad de leer cualquier poema en el momento que ya sea él o ella abra el libro.

Religious Poems in English and Spanish

Poemas Religiosos en Ingles y Español

All secrets will reward you

When you do it secretly (kindness to someone), your Father
Who knows all secrets will reward you. Matthew 6: 4

Recognition to man is very important and naturally nice,
It lifts up the ego and the entire system is on a high,
Adjusting feelings, disposition and life makes sense,
Because all frustrations are gone aside tormenting not.

The act of giving in secret is a gesture which God likes,
For which he rewards a person at his appointed time,
The gift extended to a person dear is always welcomed.
When it is given in secret and with love.

In kindness all sensations are eager toward happiness,
Therein are nostalgia and the days beginning to be nice?
Even so humanity is consistently trying to despise,
things running toward man and his lovely bride

Truth is dealing in collaboration about kindness in time,
But Lucifer has a problem with this item to recognize,
He wants it to fail and be consistently in the lying demise,
agitate God to make humans reside in error in all times.

Los secretos te recompensarán todo

Para que tu limosna sea en secreto. y nuestro
padre que ve en secreto Te recompensará Mateo 6:4.

El reconocimiento al hombre es muy importante, y
naturalmente agradable, Levanta el ego y todo el sistema
está en lo alto. Le da ajuste y disposición a todos los
sentimientos, y la vida tiene sentido, Ya que todas las
frustraciones desaparecen y los tormentos se hacen a un lado.

El acto de dar en secreto es un gesto que agrada a Dios
Y recompensa a cada persona a su debido tiempo,
El regalo que se extiende a una persona querida siempre
es bienvenido, Cuando se da en secreto y con amor.

En la bondad todas las sensaciones están dirigidas hacia
la felicidad, Y desde ahí los días de nostalgia se tornan
agradables, Aún si la humanidad trata constantemente
de despreciar,las Cosas se ejecutan hacia el hombre
y a su novia encantadora.

La verdad se trata de colaborar con bondad a tiempo
Pero Lucifer tiene un problema con este tema de reconocer,
Él quiere que fracase, y está constantemente en la mentira
y la muerte El perturba a Dios para que los seres humanos
residamos en el error todo el tiempo.

I am the Light of the World

Jesus said to the people, "I am the Light of the World.
So if you follow me, you won't be stumbling through
The darkness, but living light will flood your path.
John 8:12

The fog has come lingering in our atmosphere,
It causes desperation, people use their imagination,
Driving the car or park it in the garage, what a sensation,
Your choice gave the car a safe and Arden restoration,
Influenced by the mystical light of the world of love.

Love has power to be with us and give us the sensation,
Never returning the simple argument of negative ovation,
It clings to life ambitions and the truth of inspiration,
Jesus is there to make things happen over and over again,
Christ is the symbol of ultimate perfection by rejecting evil.

There is a difference between the day and the night,
At night all things shut down and at daytime all is bright,
The light is an enormous gift to humanity by God,
Man can function and see all things opening for his delight,
In God's love humanity has the right to be loved by God.

Yo soy la luz del mundo

En otra ocasión Jesús dijo a la gente yo soy la luz del
mundo. El que me sigue no andara en tinieblas; si no
que tendrá la luz de la vida". Juan 8:12.

La niebla ha llegado persistente a nuestra atmósfera,
causando desesperación, la gente utiliza su imaginación,
Conduciendo el coche o estacionadolo en el garage,
qué sensación, tu elecion le dio al auto una caja de
seguridad y restauracion de arden Influenciado por la luz
mística del mundo del amor.

El amor tiene el poder para estar con nosotros y nos
da la sensación, De nunca regresar el simple argumento
de la ovación negativa, se aferra a las ambiciones de la vida
y la inspiración hacia la verdad, Jesús está ahí para hacer que
las cosas pasen una y otra vez, Cristo es el símbolo perfecto
para rechazar el mal.

Hay una diferencia entre el día y la noche,
Por la noche todas las cosas se apagan y en el día todo es
brillante, La luz es un enorme regalo de Dios a la humanidad.
El hombre puede funcionar y ver todas las cosas claras para
su deleite. En el amor de Dios. La humanidad tiene derecho
a ser amados por Dios.

I am the A and Z ???

It is finished! I am the A and Z, the beginning and the end.
I will give to the thirsty the spring of the Water of Life as a gift.
Revelation 21:6

It is in the Lord my God, the beginning of life and the end.
We cannot conceive the thought of the magnitude because
we don't know what the beginning was all about.
It all began with the Lord my God, who is impressed with life,
life is towing in a motion the universe is a given notion,
and life began to be a glorious event in joy relations.

Jesus said:
"So in everything, do unto others as you would have them
do unto you, for this sums up the law and the prophets."
This golden rule is a good standard to life with fellow man
because they want to be done the same. Whatever you do
not wish for you do, do not do that to others. If you desire
success, then help others attain likewise.

The condensed idea of you, and what you do, is knowledge.
I am that I am a born human passing through this life, and yet
I was reared, educated and aspired to a profession, the joyful
and grand life coupled with a wonderful job, made my life worthy
and always thankful to have this life, worshiping Jesus and the Lord
my Omnipotent Father and God.

Yo soy la A y la Z

"Hecho esta, yo soy el alfa y la omega, el principio
y el fin. El que tenga sed, le dare gratis de la fuente
del agua de la vida. Apocalipsis 21:6

Esta en el Señor mi Dios, el comienzo de la vida y la muerte.
No podemos concebir la idea de la magnitud, ya que
No sabemos de como era el principio de todo.
Todo comenzó con el Señor mi Dios, que está impresionado
con la vida, la vida es un remolque en movimiento, el universo
es un concepto dado, Y la vida comenzó a ser gloriosa
en las relaciones de alegría.

Jesús dijo:
"Así que en todo haz a los demás lo que a ti te gustaría que te hicieran,
porque esto es el resumen de la ley los profetas. "
Esta regla de oro es un buen estándar de vida con el prójimo
porque quieren hacer lo mismo, lo que no deseas que te hagan
a ti, no lo hagas a los demás. Si usted desea éxito, entonces
ayude a otros a lograr lo mismo.

La idea condensada de ti, y lo que haces, es el conocimiento.
Yo soy el que soy un ser humano nacido pase por esta vida,
Y sin embargo, fui criado, educado y aspiraba a una profesión,
La vida gozosa y grande, junto con un trabajo maravilloso,
hizo mi vida digna y siempre agradecido de tener esta vida,
adoro al señor Jesús y a mi Padre Dios Omnipotente.

your entrance whatever torments the mind,
If you rebel I will not let you be in charge or cause mighty pain,
I will confine you into a minute area there to stay,
Move out closer through a narrow opening, and again,
Get closer toward an exit destined for your escape,
Tossing the disastrous pain into a distant goodbye.

Tu entrada atormenta la mente,
Si te rebelas no voy a dejar que te hagas cargo
o causaria un fuerte dolor,yo te confinare un área
mínima allí para que te quedes,
muévete más cerca a través de una abertura estrecha,
y de nuevo, acércate más hacia una salida destinada para tu escape,
Lanzando el dolor desastroso en un lejano adios.

Glory to God

For if you tell others with your own mouth
That Jesus Christ is your Lord, and believes
In your own heart that God has raised Him
From the dead, you will be saved.
Romans 10:9

My belief is firm and clear. Jesus is master,
And I am his offspring from the time born,
I will not surrender this precious time,
Because Jesus came to save my life.

Poetically I cannot deny this belief of mine.
It is installed in my simple and ardent mind.
From the time when I was hospitalized,
in Mikolow, Poland in the year of my Lord 1945.

The time in my life that I was spared to be
Drafted in the German Army to fight the war,
But God looked graciously in my father's heart
And let me live my life.

The catholic nuns with the Polish doctor surprised,
Saved many Polish young to live their lives in pride,
To worship Jesus for our lives spared at that time,
Remembering the good fortune upon our lives.

Gloria a Dios

Si con tu boca confiesas que Jesús es el señor y en tu corazón
crees que Dios lo levanto entre los muertos, serás salvo. Romanos 10:9.

Mi convicción es firme y clara. Jesús es el maestro,
Y yo soy su descendencia desde el momento en que nací
Este precioso tiempo no será en vano
Ya que Jesús vino a salvar mi vida.

Poéticamente no puedo negar esta creencia mia
Ha estado instalado en mi mente simple y ardiente.
Desde el momento en que yo estuve hospitalizado,
en Mikolow, Polonia en el año de mi Señor, 1945.

En aquel tiempo de mi vida estuve a salvo de ser
integrado al ejército alemán para combatir en la guerra,
Pero Dios miro con gracia el corazón de mi padre
y me permitió vivir.

Las monjas católicas con el médico polaco sorprendentemente salvaron
a muchos jóvenes para que vivieran sus vidas con orgullo.
Adorar a Jesús puso nuestras vidas a salvo en aquel momento,
Recordando la buena fortuna que paso en nuestras vidas

Now <> Glory be to God

Now glory be to God who by His mighty power
At work within us is able to do far more than we
Would ever dare to ask or even dream of,
Infinitely beyond our highest prayers, desires,
thoughts or hopes. – Ephesians 3: 20

We are unable to tell the millenniums that God exists.
Humans live a while by the time they the reach one hundred,
Their time has expired and sure enough they're gone,
Asleep, only to be awakened to live eternally,
in the place destined or in the created paradise.

The Earth has gone through many changes,
Never informed what the Earth will look like,
It changes instantaneously to keep humanity and
Teaches them to live a good life and worship God.
Temptations change humanity to the opposite site.

The question is obvious and most disturbing at times.
Why the tempter does has the power to tempt
Because God does not dictate how humanity lives.
We have the choice to take good or evil to exist,
Neither good nor evil can enter your soul unless asked.

This phenomenal life style is with humans at large,
The good makes a life brilliantly divine, and evil
Takes humanity over time down and misery evolves,
If good is not asked it will stay away until called to come
By then the people living on Earth may be gone.

Ahora < > A Dios sea la gloria

A aquel que es poderoso para hacer infinitamente
mas que todo cuanto pedimos o entendemos, por el poder
que opera en nosotros;– Efesios 3: 20

Somos incapaces de decir a los milenios que Dios existe.
Los seres humanos vivimos un momento por el tiempo
hasta que alcanzamos los cien y se acaba nuestro tiempo
y permanecemos dormidos, hasta cuando llegue el momento
de ser despertados para vivir eternamente,
En el paraíso, lugar creado para ser nuestro destino

La tierra ha pasado por muchos cambios.
Nunca se nos informa de como la tierra lucirá.
Cambia instantáneamente para mantener a la humanidad
donde nos enseña a vivir una vida buena y adorar a Dios.
Las Tentaciones cambian la humanidad al sitio opuesto.

La pregunta es evidente y más inquietante a veces.
¿Por qué el tentador tiene el poder para tentar
Porque Dios no dicta cómo vive la humanidad.
Tenemos la opción de elegir el bien o el mal para existir,
Ni el bien ni el mal pueden entrar en tu alma al menos que
se lo permitas.

Este estilo de vida fenomenal es con los seres humanos en general.
El bien hace una vida brillantemente divina y el mal, toma a la
humanidad
a través del tiempo envolviéndola en la miseria,
Si al bien no se le llama permancera alejado hasta que se le pida
que venga
pero para entonces muchas personas que viven la tierra habrán
desaparecido

God gave His only Son

For God loved the world so much that He gave
His Son so that anyone who believed in Him shall
Not perish but have eternal life. – John 3: 16

In the New Testament, the fatherly love of God
for humans and their reciprocal love for God.
The term extends to the love of one's fellow humans.
The Church Fathers used the Greek term to designate
both a rite using bread and wine and a meal of fellowship
that included the poor. The historical relationship between
this meal, the Lord's Supper, and the Eucharist, the meal
of fellowship and the sacrament, is uncertain.

A love feast practiced by early Christians in connection
with the Last Supper. Unselfish, loyal and benevolent
concern for the good of another as: the fatherly concern
of God for humankind; the brotherly concern for others.
Agape love is not what human kind exhibits among self
It is love which God gave to heavenly kind to cherish and
Live in obedience to worship the omnipotent and lovely God.
The difference is agape from the human fulfillment.

Dios dio a su único hijo

Porque de tal manera amo Dios al mundo, que dio a su hijo único,
para que todo que crea en el, no perezca, si no que tenga vida
eterna. Juan 3:16

En el nuevo testamento, el amor paternal de Dios
Para los seres humanos y el amor recíproco de ellos para Dios.
El plazo se extiende hasta el amor por el prójimo.
Los padres de la Iglesia utilizan el término griego para designar a
Ambos, un rito con pan y vino y una comida de adoracion
Eso incluye a los pobres. La relación histórica entre
esta comida, la cena del Señor y la Eucaristía la comida
de adoracion y el Sacramento, son inciertos.

Una fiesta de amor practicada por los primeros cristianos en conexión
con la última cena. Desinteresada, leal y benevolentemente
preocupación por el bien del otro como: la preocupación paternal
de Dios por la humanidad; la preocupación fraternal por otros.
Amor Ágape no es lo que el ser humano exhibe entre sí mismo
Es amor que Dios dio de manera celestial para contemplar y
Vivir en obediencia para adorar al omnipotente y amado Dios.
La diferencia es agape del cumplimiento humano.

And Jesus told Martha

"I am the one who raises the dead and gives them
life again. Anyone who believes in me, even though
he dies like anyone else, shall live again. –John 11: 25

The word believes is a transitive verb accepting something as true.
We don't know which story to believe because we doubt.
To be of the opinion that something exists or is a reality,
especially when there is no obsolete proof of its existence.
Or reality like believe in reincarnation or resurrection, we
are confident that Jesus is worthwhile, the Son of God
that we believe in him.

To make Jesus' story believable we accept the concept
that He is the Son of God and was begotten at God's time,
then His story is believable and his existence is also God.
His suffering was the atonement of saving humanity
from destruction and the ability to be reunited in joy with God.
To be of the opinion that something is right we must accept
God's wisdom and believe that Christ Jesus is His only Son.

Y Jesús dijo a Martha

"Yo soy la resurrección y la vida. El que cree en mí, aunque
muera, vivirá Todo el que vive y cree en mi, no morirá para
siempre.
—Juan 11: 25,26

La palabra creer es un verbo transitivo, aceptar algo como
Verdadero,no sabemos qué historia creer porque dudamos.
De la opinión de que algo existe o es una realidad,
especialmente cuando no hay ninguna prueba obsoleta
de su existencia, o en realidad como creer en la reencarnación o
resurrección, nos
Confiamos en que Jesús es el hijo de Dios y en verdad creemos en el

Para hacer creíble la historia de Jesús aceptamos el concepto
que él es el hijo de Dios y fue engendrado en el momento
adecuado para Dios,
luego su historia es creíble y su existencia también él es Dios.
Su sufrimiento fue la expiación de salvar a la humanidad
de la destrucción y la posibilidad de reunirse en gozo con Dios.
Ser de la opinión de que esto está bien y que debemos aceptar
La sabiduría de Dios y creen que Jesucristo es su único hijo.

Be full of joy, and partners with Christ

Be full of joy, because these trials will make you partners
with Christ in his suffering, and afterwards you will have
the wonderful joy of sharing His glory in that coming
day when it will be displayed. -1 Peter 4: 13

God knows that his created humans are not good enough,
To be called to heaven and get His blessing to live in internally,
He sends his Son to safe creation and brings them home,
Forgive those who ask and let them enter heaven bound.

Dreams have many things to be thought about,
They have an ambition to lead a man to his heights,
Or keep him down where nothing can amount,
Yet man will try to make some sense to be Divine,
Allowing thought to take charge of his temptation,
It seems like fun giving in is even a better revelation,
But the end of speculation brings man to devastation.

The joy is much desired people have a way to enter,
Realize not that by asking forgiveness is the solution
When ceaseless prayer is made to obtain an acceptance,
And become a candid prospect to enter into heaven.

Estar lleno de alegría y compañeros de Cristo

Gócense y sean participes de las aflicciones de cristo,
Para que también os gocéis en la revelación de su gloria.
-1 Pedro 4:13

Dios sabe que su creación de los seres humanos no es suficiente,
Para llamar al cielo y obtener su bendición para vivir internamente,
Él envía a su hijo para salvar la creación y traerla a casa
Perdonar a aquellos que se arrepientan y los deja entrar en el cielo

Los sueños tienen muchas cosas de que pensar
Tienen la ambición de guiar a un hombre a su altura,
O mantenerlo en donde nada puede equivaler,
aun el hombre intentara de alguna manera el sentido de ser divino
Permitiéndole al pensamiento hacerse cargo de su tentación,
Parece que la diversión de entregarse es aun una mejor revelación,
Pero al final de la especulación trae al hombre devastación.

La alegría se desea mucho, la gente tiene una forma de entrar,
Y no se da cuenta que pedir perdón es la solución.
Cuando se realiza una oración para obtener una aceptación,
Se convierte en una perspectiva sincera para entrar al cielo.

And all who trust God's Son

And all who trust Him-God's Son-to save them have
Eternal life: those who don't believe and obey Him
shall never see heaven, but the wrath of God
remains upon them. —John 3: 36

The essence of trust in God's Son is a hard saying,
Christ was crucified and died a painful innocent life,
We have no conception why such penalty was invoked,
And yet the most loving Father allowed it to happen.

God is love and Christ had volunteered to take this job,
Was sent to earth with the purpose to save God's flock,
And ultimately bring them to his father into paradise,
Humanity did not understand <> took Christ to be crucified.

Christ knew what he had to undertake to save God's flock.
In humility he gave His life to save his father's chosen one
At the cross Christ ossified self to make the choice,
And die a painful death to save humanity who trusts in God.

Y todos los que confían en el hijo de Dios

El que cree en el hijo tiene la vida eterna. Pero el que rehúsa
a obedecer al hijo, no vera la vida, si no que la ira de Dios
Permanecerá sobre él. –juan 3:36

La esencia de la confianza en el hijo de Dios es un dicho disco duro,
Cristo vivió una vida inocente y fue crucificado y murió
dolorosamente.
No tenemos ninguna concepción del por qué tal pena fue invocada,
Y aún más su amoroso padre permitió que pasara.

Dios es amor y Cristo había ofrecido hacer este trabajo,
Fue enviado a la tierra con el propósito de salvar el rebaño de Dios,
Y finalmente llevarlos a su padre en el paraíso,
La humanidad no entendía < > y tomo a Jesucristo para ser crucificado.

Cristo sabía lo que tenía que enfrentar para salvar el rebaño de Dios.
En humillación, él dio su vida para salvar a los elegidos de su padre.
En la Cruz Cristo se auto crucifico para hacer la elección,
De dar una muerte dolorosa para salvar a la humanidad que
confiara en Dios.

I will come and get you

There are many homes up there where My Father lives,
And I am going to prepare them for your coming.
When everything is ready then I will come and get you...
John 14: 2, 3

Christ Jesus will come and get us at the resurrection time,
We keep this saying gladly but we just don't understand,
How can we be picked up when we are at peace asleep,
Oh yes, a trumpet will be sounding calling all Christ just.

He will stand above and tell each man, woman and child,
Come unto me chosen one and wait in the air above,
When all have gathered to be with me I will take them up,
Return them to my father's flock who will receive them all.

It sounds like a dreamy connotation expressing an irritation,
Yet, Christ was given the command to bring my people home,
The hour and the day is in God's domain no one knows
This gracious calling will realize at Jesus resurrection day.

Yo vendré a traerte.

"En la casa de mi padre hay muchas moradas. Si así no fuera,
os lo hubiera dicho. Voy pues a preparar lugar para vosotros.
Y cuando me vaya y os prepare lugar.
Vendré otra vez, y os llevare con migo, para que donde yo este.
Vosotros también estéis. Juan 14: 2, 3

Cristo Jesús vendrá a traernos en el momento de la resurrección
Mantenemos este dicho alegremente, pero simplemente no lo
entendemos, ¿Cómo podemos nosotros ser recogidos cuando
estemos en paz durmiendo? Ah sí, una trompeta sonara y llamara
a todos los justos en cristo.

Él se parara en los cielos y le dira a cada hombre, mujer y niño,
Vengan a mí los elegidos y esperen arriba en el aire,
Cuando todos se hayan reunido con migo los llevare de vuelta
Al rebaño de mi padre, quien los recibirá a todos.

Suena como una connotación de ensueño expresando una irritación,
Sin embargo, Cristo fue dado el comando de llevar a su pueblo a casa,
La hora y el día esta en el dominio de Dios, nadie sabe.
Este llamado de gracia dará cuenta el día de la resurrección de Jesús.

I am with you always

And be sure of this – that I am with you always,
Even to the end of the world. Matthew 28: 20b

God is always with each human who professes loyalty,
Humans have problems understanding the assurance,
Why would God have so much patience to respond?
When humans reject God's love He walks away to cry.

In love God made humans to his own image divine,
That is one reason why humans have so much pride
Residing in His paradise when the choice is accepted,
Consistently communicating with the omnipotent God.

When lacking continuity to be in the presence of God
The tempter is there to give you help staying away
From the source of creative and everlasting love,
Trying to restore the confidence and capture His peace.

Yo siempre estoy contigo.

"Enseñadles a obedecer todo lo que yo os he mandado.
Y yo estoy con vosotros todos los días hasta el fin del mundo".
Mateo 28: 20b

Dios está siempre con cada humano que profesa lealtad,
Los seres humanos tienen problemas en entender la seguridad
¿Por qué tendría Dios tanta paciencia en responder?
Cuando los seres humanos rechazan su amor, él se aleja y llora.

en *amor, Dios hizo a los seres humanos a su propia imagen divina,*
Esa es una razón por la cual los seres humanos tienen tanto orgullo
Que residen en su paraíso, cuando la elección es aceptar
Constantemente una comunicación con el Dios omnipotente.

Cuando falta continuidad a la presencia de Dios
La tentación está allí para ayudarte a permanecer lejos
De la fuente del amor creativo y eterno,
Tratando de restaurar la confianza y capturar su paz.

Turn from Sin, the Holy Spirit is coming

And Peter said to them, "Each one of you must turn from sin,
return to God, and be baptized in the name of Jesus Christ
for the forgiveness of your sins; then you also shall receive
this gift, the Holy Spirit. Acts 2: 38

To turn from sin in not what we like
because we find enjoyment in the tempters way.
It satisfies our immediate goal,
anger for a while is making us supreme to want,
we get the satisfaction and let the sin reign a while.

Until we learn to love God we cannot allow the tempter
to direct our lives. It takes us down and that is what
The tempter has in mind, to make us sin and live a while
until you know it is all nasty and sin employment is done.

Sin is forgiven when asked of Christ, He does not refuse,
When a request is made Christ will bring you to God,
Don't deny you are asking now because it is given alright,
Believe is the answer to our long and Arden living for God.

Apártate del pecado, el Espíritu Santo viene

Pedro contesto: "arrepentíos, y sed bautizados cada uno
de vosotros, en el nombre de Jesucristo para el perdón
de vuestros pecados. Y recibiréis el don del espíritu santo".
Hechos 2:38

Apartarnos del pecado no es lo que nos gusta
Porque encontramos de alguna manera deleite
En las tentaciones. Satisfacen nuestro objetivo inmediato,
La ira durante un tiempo nos hace supremos a lo que
queremos, obtenemos la satisfacción y dejamos que el
pecado reine por un tiempo.

Hasta que aprendamos a amar a Dios no podemos permitir
que la tentación dirija nuestras vidas. Nos lleva hacia el abismo
y eso es lo que el enemigo tiene en mente, nos hace pecar y vivir
un tiempo hasta que nos damos cuenta que todo es desagradable
y el pecado ha realizado su trabajo.

El Pecado es perdonado cuando se le confiesa a Cristo, él no rechaza
Cuando se realiza un pedido, Jesús te llevará a Dios,
No niegues lo que estas pidiendo ahora porque se te dará bien,
Cree que es la respuesta a nuestro largo y Arden vivir para Dios.

Kind and merciful

Happy are the kind and merciful,
for they shall be shown mercy.
Matthew 5: 7

In the dark night comes this tacit, that loves
at any time and without conditions. His name is
Emmanuel. He loves you because you are,
and not for whom you are and what you have.

God is watching out for us and helps us to function,
But we don't listen nor do we obey his commands,
within the saying is truth which spells out joy,
why do we not follow the delight and when it is here we ignore it.

Most our encounters are always far away from us,
We have no anticipation because it is not reachable,
The noises and levels of frustrations are always there,
The only way to get cleaned is to ask forgiveness.

Forgiveness is such easy task, we ask in prayer to get it,
When it comes we know for sure, the heart is relieved,
The soul is at ease and our living style is changed,
We are happy and pray with joy love is with us we enjoy.

Amable y misericordioso

Bienaventurados los misericordiosos porque ellos
alcanzaran misericordia. Mateo 5: 7

En la oscura noche viene esta tácita, que ama
en cualquier momento y sin condiciones. Su nombre es
Emmanuel. Te ama porque eres tu,
y no por quien eres o lo que tienes.

Dios esta cuidando de nosotros y nos ayuda a funcionar,
Pero no escuchamos ni obedecemos sus mandamientos,
dentro del dicho es verdad el cual deletrea alegría,
¿Por qué no seguimos el deleite y cuando esta aquí lo ignoramos.

La mayoría de nuestros encuentros siempre están lejos de nosotros,
No tenemos ninguna anticipación porque no es alcanzable,
Los niveles de frustraciones y ruidos están siempre allí,
La única manera de limpiarnos es pedir perdón.

El perdón es una tarea fácil, lo pedimos en oración para obtenerlo,
Cuando llega, lo sabemos con certeza, ya que se alivia el corazón,
El alma está a gusto y cambia nuestro estilo de vida,
Estamos contentos y oramos con gozo, y el amor está
con nosotros y lo disfrutamos.

Depended on to forgive us

But if we confess our sins to Him,
He can be depended on to forgive us
and to cleanse us from every wrong.
1 John 1: 9a

Love does not generate on shelves
of the supermarket nor in the rush
of resources, neither born on a glass
screen or made in advertisement.
Love is generated in quietness and adoration.

Yet our life existence causes us to err
in our life style. Fortunately for humanity
Christ Jesus grants forgiveness when He
is asked to do so. There is no limitation
of the arrow made when we ask to be forgiven.

God has given Christ all humans who believe.
When we have sinned and pray to Christ
He always listens and is ready to communicate,
no matter what the wrong may surface to be,
Jesus accepts always when He is asked to forgive.

Depende de nosotros que nos perdone.

Si confesamos nuestros pecados, Dios es fiel
y justo para perdonar Nuestros pecados, y limpiarnos
de todo mal. -1 Juan 1:9

El amor no se genera en estantes del supermercado
ni en el apuro de los recursos, ni en el comienzo de una
pantalla de vidrio hecha para la publicidad.
El amor se genera en la quietud y la adoración.

Sin embargo nuestra existencia de vida nos hace ir
segun nuestro estilo de vida. Afortunadamente para la
humanidad,Cristo Jesús concede perdón cuando ella
se lo pide. No existe limitación de flecha hecha
cuando pedimos perdón.

Dios ha dado a Cristo a todos los seres humanos que creen.
Cuando pecan y oran a Jesús, el siempre escucha y está listo
para comunicarse, no importa lo mal que la superficie pueda estar
Jesús siempre acepta cuando le pedimos perdón.

Humble men are very fortunate

"Humble men are very fortunate!" Jesus told them.
"for the Kingdom of Heaven is given to them!"
Matthew 5: 3

But from the beginning of the creation
God made them male and female.
For this cause shall a man leave his
father and mother, and cleave to his wife;
and they twine shall be one flesh;
so than they are no more twain , but one flesh.
What therefore God hath joint together,
Let no man put asunder. Mark 10; 5 to 9

And Jesus said unto them. Whosoever shall
Put away his wife, and marry another shall
committeth adultery against her.
And if a woman shall put away her husband,
And married to another, she committeth
Adultery. Mark 10; 11, 12

Bienaventurados los hombres humildes.

"Bienaventurados los pobres en espíritu porque
de ellos es el reino de los cielos".- Mateo 5: 3

Pero desde el principio de la creación
Dios los hizo varón y mujer.
Por esta causa el hombre dejará a su
padre y madre y se unirá a su esposa;
y los que eran dos serán una sola carne;
asi ya no son más dos, sino uno.
por lo tanto, lo que Dios unió, no lo separe
el hombre". Marcos 10; 5 a 9

Y Jesús les dijo. El que se divorcia de su esposa,
para casarse con otra, comete adulterio contra ella.
Y si ella se divorcia de su esposo y se casa con otro,
comete adulterio. Marcos 10; 11,12

Strive for peace – called the sons of God

Happy are those who strive for peace – they shall be
called sons of God. Matthew 5:9

The strongest possess, that can unite two people
is a superfluity of love?
And they in order unite with a friendly terms
wherein between them is the magic of love.

Unfortunately, humanity is not connecting
in the magic of peace,
there are in continuous disagreements
and virtuous erosions of love.
Humans working in the negative
when peace should reign always at
the same time. The choice given humans
makes the difference in living home.

Luchar por la paz: llamado a los hijos de Dios

"Bienaventurados los pacificadores, porque ellos
serán llamados hijos de Dios". Mateo 5: 9

El poseer más fuerte, que puede unir a dos personas
¿Es una superfluidad de amor?
Y en orden se unen con un amistoso término
en la que entre ellos es la magia del amor.

Por desgracia, la humanidad no se conecta
en la magia de la paz,
hay desacuerdos continuos
y erosiones virtuosos del amor.
Los Seres humanos trabajan en lo negativo
Cuando la paz debe reinar siempre
al mismo tiempo. La elección dada a los seres humanos
hace la diferencia en la vida de hogar.

Don't worry about anything;
Instead pray for about everything

Don't worry about anything; instead pray about
Everything; If you do this you will experience
God's peace, which ... will keep your thoughts
and your heart quiet and at rest as you trust
in Christ Jesus. Philippians 4: 6, 7

At some point in human life we will be lonely
At least to some small degree, we will have
Many friends and acquaintances but therein
We experience total disbelief and understanding
Because in our heart we have certain secrets
And no other person can reach the debt.

No one can understand the intricate though
Nor can I make full interpretations of my
action and tell the secrets of my living standard
and yet God has total control and understanding
of all man hidden insurrection including his action.
Man is most courageous when there is no other way.

No te preocupes por nada;
En su lugar ora por todo lo demás

Por nada estéis afanosos, sino presentad vuestros pedidos
a Dios en oración, ruego y acción de gracias. Y la paz de Dios,
que supera todo entendimiento, guardara vuestro corazón
y vuestros pensamientos en cristo Jesús. Filipenses 4: 6, 7

En algún momento de la vida humana estaremos solos
Al menos en cierto grado pequeño, tendremos
Muchos amigos y conocidos, pero en ello
Experimentamos el entendimiento y la incredulidad total
Porque en nuestro corazón tenemos ciertos secretos
Y ninguna otra persona puede alcanzar el resto.

Nadie puede comprender la complejidad aunque
Tampoco puedo hacer interpretaciones completas de mis
acciónes y contar los secretos de mi nivel de vida
y sin embargo, Dios tiene comprensión y control total
de todo hombre oculto en la insurrección incluyendo su acción.
El hombre es más valiente cuando no hay otro camino.

GOD is the Vine I am the Branches

Yes, I am the Vine; you are the branches.
Whosoever lives in Me and I in him shall
Produce large crop of fruit. For apart
From Me you can't do a thing. John 15:5

The life I live is full of wonder and surprise,
The morning stands still while I contemplate,
The day is changing with every creative thing,
The night is fun in all situations which bring love.

Be human in our existence is a time to let things be
Children and watches need to be constantly winded
We need to give them time to run, otherwise they stop
Nothing is attained because their existence expired.

A man who has lost the ability to tenderly love
Could have lost in that time human nature,
The trick is not to look for self always different
But rather refined you consistently anew.

Dios es la vid y yo soy las ramas

Si, yo soy la vid; ustedes son las ramas.
Quien vive en mí y yo en él, este
producirá gran cosecha de frutas. Porque separados
de mí nada podéis hacer. Juan 15: 5

La vida que yo vivo está llena de maravillas y sorpresas,
La mañana permanece mientras yo la contemplo ,
El día está cambiando con cada cosa creativa,
La noche es divertida en todas las situaciones que traen amor.

Ser humano en nuestra existencia es un momento para dejar
que las cosas pasen. Los niños y los relojes necesitan
constantemente tener aliento.Debemos darles tiempo para
correr, de lo contrario se detienen.
Nada se logra porque su existencia ha caducado.

Un hombre que ha perdido la capacidad de amar con ternura
Podría haber perdido en ese tiempo la naturaleza humana,
El truco no es buscar ser siempre diferente
Si no más bien refinarse constantemente a algo nuevo.

Truth and the Life

Jesus told him.
"I am the way – yes, and the truth and the life.
No one can get to the Father except by
Means of me." John 14:6

Apostle John wrote the Gospel several years after
Jesus' death and resurrection for the purpose that
Who will read it will believe in Christ and thus have
life through his name. John begins with the prologue
unique to this gospel where Jesus' pre-existent life
with the Father is depicted to show that Jesus was not
simply a great man but of the essence of God.

The gospel of John more than any other Gospel
stresses the deity of Christ and provides us with
an interpretation of his life. He is explained in
figurative terms as light, truth, good shepherd,
the door, the resurrection and the life, living water,
true bread, and more.

La verdad y la vida

Y Jesús les dijo.
"Yo soy el camino, la verdad y la vida.
Nadie viene al padre, si no por mi mí". Juan 14: 6

El apóstol Juan escribió el Evangelio varios años después
de la muerte y resurrección de Jesús con el propósito
del que lo leyera y creyera en cristo pudiera tener vida
a través de su nombre. Juan comienza con el prólogo
exclusivo de este evangelio donde la vida prexistente de Jesús,
se representa con el padre para mostrar que Jesús no era
simplemente un gran hombre, sino de la esencia de Dios.

El Evangelio de San Juan, más que cualquier otro Evangelio
destaca la deidad de Cristo y nos aporta una interpretación
de su vida. Lo Explica en términos figurativos, como la luz,
la verdad, el buen pastor, la puerta, la resurrección, la vida,
agua y Pan verdadero y mucho más.

Gifts and Powers will come to an end

All the special gifts and powers from God will someday
come to an end., but love goes on forever.
Corinthians 13: 8a

Love goes on forever; we live our lives among the dreamers,
Love appears to be always on our mind searching for the future
But the hope that love will survive all human storms,
Is one that matters not if told: is your mind so wise?

Wisdom will refine the intellect, you think you understand,
But wisdom is to fear your omnipotent and eternal God,
Depart from evil and you will know that God is God,
Your mortal temptations consistently emphasize the fall.

Love is God and in him are salvation and the beauty of life.
He who cherishes this lovely devotion receives blessing,
Oftentimes not noticing the gift from heaven to us
Yet it is always a gesture that the Lord our God bestowed.

Los Dones y poderes llegarán a su fin

Las profecías terminaran. Cesaran las lenguas. La ciencia tendrá su fin,
pero el amor es infinito. Corintios 13: 8

El amor dura para siempre, vivimos nuestras vidas entre los soñadores,
El amor parece estar siempre en nuestra mente en busca de un futuro,
pero la esperanza de que el amor sobreviva a todos las tormentos
humanos, es aquel que sin importar dice si: tu mente es tan sabia?

Sabiduría afina la inteligencia, ¿crees que entiendes,
Pero la sabiduría es temer a tu Dios omnipotente y eterno,
Apártate del mal y sabrás que Dios es Dios,
tus tentaciones mortales consistentemente hacen hincapié en la caída.

El amor es Dios y en él está la salvación y la belleza de la vida.
El que atesora esta amada devoción recibe bendición,
Frecuentemente no nos damos cuenta del don del cielo para nosotros
Aun así, siempre es un gesto Que el Señor, nuestro Dios otorgó.

Family and Friends
Kindness

Then when you realize your worthlessness before the Lord,
He will lift you up, encourage and help you. James 4: 10

Love is a virtue which needs to be corset.
Family and friends need constant addresses.

Kindness is a gesture by which we should always be guided and
speak nicely
to each other if we care to be friends. Friendship is not a
commitment. It is a virtue
that makes us feel happy and always look for the splendor of love.

The things I say about love is the strategy that I have a continuous
desire
to be in touch and let my love be the splendor to the happiness if
right.

Age is a number which does not take in account the beauty which
makes us
to love and not to walk away and look surprised.

La Familia y los amigos
Amabilidad

Entonces cuando te das cuenta de tu inutilidad ante el Señor,
Él te levantara, te alentara y te ayudara. Santiago 4: 10

El amor es una virtud que debe ser corsé.
Familiares y amigos necesitan direcciones constantes.

La amabilidad es un gesto por el cual siempre deberíamos ser guiados
y hablarnos muy bien el uno al otro y si nos interesa ser amigos.
La Amistad no es un compromiso. Es una virtud
que nos hace sentir felices y buscar siempre el esplendor del amor.

Las cosas que digo sobre el amor es la estrategia que tengo, un deseo
continuo de estar en contacto y dejar que mi amor sea el esplendor
a la felicidad si así esta bien.

La edad es un número que no toma en cuenta la belleza que nos hace
amar y no alejarnos y parecer sorprendidos.

If you stay with me

But if you stay in me and obey my commands,
You may ask any request you like,
It will be granted! –John 15:7

Who has the wisdom to understand the simple saying?
Even so it is implanted in every human mind to obey,
But the tempter has his way to lead a human mind away,
Unto pleasure that has no way to bring happiness and joy,
Yet the human will diversify his thinking, devils way.

To obey is the power which cannot be altered away,
But temptation will sway the mind to disobey,
The end result when near will forgive when asked,
Even than the human mind is debating if this is so,
But the truth has the knowledge and GOD to be obeyed.

The joy and sacraments accepted in the mind and heart,
Will ultimately make the human wise and well content,
Because the love that God gave man will always survive,
Not even the tempter can change the desire and love,
God is love and all the magnificent events to be with us.

Si te quedas conmigo.

Si permanecéis en mí y mis palabras permanecen en vosotros,
pedid todo lo que queráis, y os será dado –Juan 15: 7

¿Quién tiene la sabiduría para entender el simple dicho?
Aún así es implantado en cada mente humana a obedecer,
Pero la tentación tiene su manera de conducir la mente humana,
a un placer que no tiene ninguna manera de traer felicidad
y alegría. Sin embargo los humanos diversifican su pensamiento,
a la manera del diablo.

Obedecer es el poder que no puede modificarse
Pero la tentación conduce a la mente a desobedecer,
El resultado final cuan cerca se perdona cuando se le pide,
Incluso la mente humana está debatiendo si esto es así,
Pero la verdad tiene el conocimiento y a Dios para obedecer.

La alegría y los sacramentos aceptados en la mente y el corazón,
ultimadamente hará al humano sabio y muy contento,
Porque el amor que Dios dio el hombre sobrevivirá siempre,
Ni siquiera la tentación puede cambiar el deseo de amar,
Dios es amor y todos los eventos magníficos estan con nosotros.

I give you only light burdens

Wear my yoke-for it fits perfectly – and let me teach you:
For I am gentle and humble, and you shall find rest for your souls;
for I give you only light burdens." Matthew 11: 29, 30

When we talk about burdens we assume that all are the same,
What makes a burden heavy or light will depend what we think
A heavy burden is one that sits on conscientious mind motionless
It does not move nor does it go away the mind is occupied

The heaviness of the burden is made light by believe,
Simply ask Jesus to intervene and the burden is moved
To Christ domain and it changes to a light burden now,
because Jesus took the heaviness upon himself.

Consciousness is no longer bothered and gone astray,
While Christ is working the nastiness to stay put,
humanity's lightness is solving its way and the problem
suddenly has gone away and man has learned its way.

Yo solo doy cargas de luz.

Llevad mi yugo sobre vosotros, y aprended de mi,
que soy manso y humilde de corazón, y hallares descanso.
"porque mi yugo es fácil y ligera mi carga".- Mateo 11: 29, 30

Cuando hablamos de cargas suponemos que todos son iguales,
Lo que hace a una carga pesada o liviana dependerá de lo que
pensemos,
Una carga pesada es aquella que se sienta en mente inmovil,
no se mueve ni desaparece, la mente está ocupada.

La pesadez de la carga se vuelve liviana por creer,
Simplemente pídele a Jesús que intervenga y la carga se mueve
al dominio de cristo y se cambia a una carga ligera
porque Jesús mismo carga lo pesado.

La conciencia ya no es molestada y se va desacarriada,
Mientras Cristo está trabajando para alejar la suciedad,
la ligereza de la humanidad está resolviendo el problema a su forma,
y de repente desaparece y el hombre descubre su camino.

Don't get discouraged and give up

And let us not get tired of doing what is right,
For after a while we will reap a harvest of blessing
if we don't get discouraged and give up.
Galatians 6: 9

Our nature is composed to do good and always right,
The Lord our God had made our abode to be nice
we have selected oftentimes the choice of not bright
not realizing that we could have corrected it at times.

We chose the inevitable and progress to get done well,
Inviting the tempter who will gladly come in and advise,
Sat's in the easy chair and tells you the fact of a lie,
Listen to me and will make you charming and wise.

His wisdom is trying to make you disobey you God,
And adhere to his lies be honored among man,
who will set you on a pedestal and you will enjoy
the preponderance and the awesome gift of a lie.

No te desanimes ni te rindas

No cansemos, pues, de hacer el bien, que a su tiempo
segaremos, si no desfallecemos. Gálatas 6: 9

Nuestra naturaleza está compuesta de hacer el bien y siempre
lo correcto. El Señor nuestro Dios había hecho nuestra estancia
para que fuera agradable.
Hemos seleccionado a menudo la opción de no brillar
Sin darnos cuenta de que pudimos haberla corregido a veces.

Elegimos el progreso inevitable de hacer el bien,
Invitando al tentador que con gusto viene y nos asesora.
Satanás está en el sillón y te dice el propósito de la mentira,
escúchame a mi y te hare encantador y sabio.

Su sabiduría está tratando de hacer que desobedezcas a tu Dios,
Y te adhiere a sus mentiras, un homenaje entre los hombres,
quienes te pondrán en un pedestal y disfrutaras la preponderancia
y el don maravilloso de una mentira.

Wages of sin is death

For the wages of sin is death, but the free gift
Of God is eternal life through Jesus Christ our Lord.
Romans 6:23

The cosmological argument why isn't there nothing?
Is trying to say that ("everything is caused by something else")
The problem of evil argues that it is everywhere and God knows
Everything and does nothing about it.

In that argument "If God is omniscient, it is fully aware of all the pain and
Suffering that occurs If God is omnipotent; it is able to prevent all pain and suffering.
If God is Omni-benevolent, it wishes to prevent all pain and suffering."

The arguments make sense, but the logic is somewhat misconstrued.
The simple explanation to the Omnipotent God is the essence that He gave
the celestial, human and all living existence a <u>CHOICE</u> to execute all doings.

In the creation of matter there was a choice to commence creativity,
In the celestial beings the choice was foremost the understanding,
But Lucifer chose his destiny by disobeying God. In the earthly paradise
Eve and Adam chose their life standard, and humanity is choosing their
livelihood.

La paga del pecado es muerte.

Porque la paga del pecado es la muerte. Pero el don gratuito
de Dios es la vida eterna en cristo Jesús Señor nuestro.
Romanos 6:23

El argumento cosmológico, ¿por qué no hay nada?
Trata de decir que (todo es causado por algo mas.)
El argumento cosmológico Por qué no hay nada?
¿Está tratando de decir que ("todo es causado por otra cosa")
El problema que el mal argumenta es que Dios está en todas
partes y lo sabe todo
y no hace nada al respecto.

"Si Dios es omnisciente, es plenamente consciente de todo,
el dolor y el sufrimiento que se produce si Dios es omnipotente,
es capaz de evitar el dolor y el sufrimiento. Si Dios es omni
benevolente,
podría evitar el dolor y el sufrimiento. "

Los argumentos tienen sentido, la lógica es de alguna forma
mal interpretada. La explicación simple al Dios Todopoderoso
es la esencia que ha dado lo celestial, a la humanidad de que en toda
su existencia tome la elección de como hacer sus acciones.

En el tema de la Creación había una opción para iniciar la creatividad,
En los seres celestiales la elección más importante fue la comprensión,
pero Lucifer eligió su destino al desobedecer a Dios. En el paraíso
terrenal
Adán y Eva eligieron sus estándares de vida, y la humanidad esta
escogiendo la suya.

My Logic: Rudy Sikora

The creator (God or the theory of the BIG BANG which cannot be Verified) is that the problem of choice has not been considered And integrated into the universe.
Humans and all living things derive their existence from both theories.

God is God because he has the understanding and the logic of all creation.
His creation or the universe derive the power of the last element which is CHOICE it
("Everything is caused by something else") has indeed colossal implications. In everything whatever occurs there is always God loving choice. God does not interfere in all his doing because he leaves the choice to the proponent or matter.

Mi lógica:

El creador (Dios o la teoría del BIG BANG la cual no puede ser verificada)
Es que el problema de la elección no ha sido considerado o
integrado en el universo.
Los seres humanos y todos los seres vivos derivan su existencia de
ambas teorías.

Dios es Dios porque
Tiene el conocimiento y la lógica de toda la creación.
Su creación o el universo derivan el poder del último elemento, la
cual es,
("Todo es causado por algo mas") ha hecho implicaciones colosales.
En todo lo que sea que ocurra siempre esta ahí la amada elección
de Dios.
Dios no se inmiscuye en todo su ser Porque Él deja la elección al
proponente o materia.

Two or three gather God is with them

For where two or three gather together because they are Mine,
I will be right there among them. Matthew 18: 20

What a marvelous thought to cherish this inspiration, God sees
Every time a few assembled, they are His, and bless them.
In the fountain of blessing is love which gives more love to spread
and open up the strength and power to unite.

He who cherishes love is wise which produces more wisdom,
therein lies the true strength and whoever loves much
present much and the accomplishments are made in love
which is done well and glorifies the Omnipotent God.

Whatever the souls are created for, His and mine are the same.
All creation is in God's image and all is made to love each other,
But many gather together and worship the tempter who is
deceiving them and learning to betray and lie.

Dos o tres reunidos en su nombre.

Porque donde están dos o tres reunidos en mi nombre,
ahí estoy yo en medio de ellos. Mateo 18:20

Que maravilloso pensamiento para apreciar esta inspiración,
cada vez que Dios vea unos cuantos reunidos,
son de el y el los bendice. En la fuente de bendición es el amor
que da más amor para difundir y abrir la fuerza y el poder de unir.

Quien aprecia el amor es sabio que produce más sabiduría,
allí radica la verdadera fuerza y quien ama mucho presenta
mucho y los logros están hechos en el amor, que hace bien
y glorifica a Dios omnipotente.

Por lo que sea que hayan sido creadas las almas la de el o la mia,
son las mismas. Toda la creación es imagen de Dios y todo se ha
hacho con amor, pero muchos se reúnen y adoran el tentador
que los engaña y aprenden a traicionar y mentir.

You can get anything

You can get anything – anything you ask for
in prayer – if you believe. Matthew 21:22

The problem with not getting what we ask of God
is the premise of nonbelievers. To believe
challenges you to recognize your limitless
possibilities for achievement; helps you to aim
high and go confidently after the things
you want from life; and it encourages you
to love self, your neighbor and God.

BELIEVE
Is the inspiring, practical, philosophy that
Can turn you around and set you straight
right on the path of success and fulfillment.
We want to believe that when we have
mastered an obligation and financial goal
we have attained believe <> no this is not
belief, belief is achieved by ceaseless praying.

Communicating with God without interruptions
is a preparatory stage to open up our understanding
and receive the mystery of believe. When we believe
in that environment and ask God in prayer then
you will receive whatever you asked for. This is not
easy because you have to be consistently in touch
with God and his commandments.

Puedes obtener lo que sea

Y todo lo que pidáis en oración, creyendo lo recibiréis.
Mateo 21:22

El problema de no conseguir lo que pedimos de Dios
es la premisa de no creyentes. Creer te reta a reconocer
tus posibilidades ilimitadas de logro; le ayuda a apuntar
alto y vaya con confianza tras las cosas que quieres en la vida;
y te anima a amarte a tí mismo, a su vecino y a Dios.

CREER
Es la inspiradora y práctica filosofía, que puede darte la vuelta,
dirigirte recto y derecho por el camino del éxito y el logro.
Queremos creer que cuando hemos finalizado una obligación
y meta financiera hemos logrado que <> no es creencia,
creencia se consigue mediante la oración incesante.

Comunicarse con Dios sin interrupciones es una etapa preparatoria
para abrir nuestro entendimiento y recibir el misterio de creer.
Cuando creemos en ese entorno y le pedimos a Dios en oración
y luego recibimos lo que pedimos. Esto no es fácil porque tienes
que estar constantemente en contacto con Dios y sus mandamientos.

Honor your father and mother

And this is the promise; that if you honor your
father and mother yours will be a long life, full
of blessing. Ephesians 6: 2,3

The basic idea of the Ephesians is that God's eternal
plan is being worked out through Christ and his body,
the church. When a man believes he is in Christ
and finds salvation and safety. To honor your
father and mother is the premise of God's love.

God has planned this from the beginning of
eternity. His son is the instrument within whom
God plans to receive man to his domain. In it is
safety and peace of eternal salvation. There is
no day or night, no sleep or pain love is reward.

There are many faces of love (Vincent Van Gogh)
Love many things, for therein lies the true strength,
and whosoever loves much performs much, and
what is done in love is done well.

Honra a tu padre y madre

Honra a tu padre y madre- que es el primer mandamiento
con promesa, para que te vaya bien y vivas largo tiempo
sobre la tierra. Efesios 6:2,3

La idea básica de los Efesios es que están elaborando
el plan eterno de Dios a través de Cristo y su cuerpo,(la Iglesia.)
Cuando un hombre cree en Cristo y busca seguridad y salvación.
Para honrar a su padre y madre es la premisa del amor de Dios.

Dios ha planeado esto desde el principio de la eternidad.
Su hijo es el instrumento dentro de los cuales Dios planea recibir
el hombre a su dominio. En ello esta la seguridad y paz de la
salvación eterna.
No hay día o noche, ni cansancio o dolor, el amor es la recompensa.

Hay muchas caras del amor (Vincent Van Gogh) ama muchas cosas,
por ahí radica la verdadera fuerza y quien ama mucho realiza mucho,
y lo que se hace por amor se hace bien.

God is working within you

For God is at work within you, helping you
Want to obey Him, and then helping you
to do what he wants. Philippians 2: 13

It was Paul the Apostle to write to the Philippians
Expressing his confidence in them because they
Send him money to support his needs. At the same
Time he tells them that God is helping them
And wants to obey HIM and helping them to do
what he wants.

God has His pleasure toward man because He loves
them in all respects. At times when man sin Christ
is with you to receive pleas of condemnation and
forgive you insurrection allowing you to function
in love and peaceful accomplishments well done.
What is done in love is done well.

What does God want from man? God is love and
Love has no need of anything. In presumptuousness
man assumes that God gives so much he would
expect something in return. We are conditioned and
prevailing in custom what we want and love. And
true love is eternal and always like itself.

Dios está obrando dentro de Ti

Porque Dios es él que obra en vosotros, tanto el querer
como el hacer, por su buena voluntad. Filipenses 2:13

Fue Pablo el apóstol al escribir a los Filipenses, expresando su
confianza en ellos porque le mandan dinero para apoyar sus necesidades.
Al mismo tiempo les dice que Dios les esta ayudando y que quiere que
le obedezcan y les ayuda para hacer lo que él quiere.

Dios tiene su complacencia hacia los hombres porque él los ama
en todos los aspectos. A veces cuando el hombre peca, Cristo esta
con usted para recibir peticiones de condena y perdonar tu insurrección
permitiéndote funcionar en el amor y logros pasivos bien hechos.
Lo que se hace en el amor se hace bien.

¿Qué quiere Dios del hombre? Dios es amor y el amor no tiene necesidad
de nada. En la presunción el hombre asume que Dios da mucho para esperar
algo a cambio. Estamos condicionados y prevalecemos en la costumbre de lo
que queremos y amamos. Y el verdadero amor es eterno y siempre a si mismo.

I can do everything with Christ Power

For I can do everything God asks me to with the help of
Christ who gives me the strength and power.
Philippians 4:13

Truly, we do not prepare homes for the impure!
Our happiness would be like icy caves to their living,
Because God asked us to make the life style great,
We use the mind to create things which comfort us.

The days we live we rejoice because God loves us,
Christ died for us and all things are given to Him
by God for his life. The sacrifice is truly great, we,
cannot imagine the suffering that Christ endured.

And yet the final victory will come when Christ return
And call all, whom God gave Him to bring to His home,
People will come; He will claim them to Himself a short
distance in the air to be with Him in His Fathers domain.

Puedo hacer todo con el poder de Cristo

Todo lo puedo en cristo que me fortalece. Filipenses 4:13

Verdaderamente, no preparamos hogares para el impuro!
Nuestra felicidad sería como cuevas heladas a su vida, porque Dios
nos pidió hacer el estilo de vida grande, utilizamos la mente para
crear cosas que nos confortan.

Los días que vivimos nos alegramos porque Dios nos ama, Cristo murió
por nosotros y todas las cosas se le son dadas por Dios para su vida.
El sacrificio es verdaderamente genial, no podemos imaginar el
sufrimiento que soportó Cristo.

Y sin embargo la victoria final vendrá cuando él regrese y llame a todos,
los que Dios le dio para llevar a su casa, la gente vendrá; él mismo los
reclamara a distancia corta en el aire para estar con él en el dominio de su padre.

Heaven and earth disappears

Heaven and earth shall disappear, but my words
Stand sure forever. Mark 13: 31

This is a hard saying heaven and earth disappears.
Our understanding means that it ceases to be,
to pass out of sight, or become lost. But Christ
knew that heaven can change and the earth
transformed into a parade and a different form
to accommodate the souls of human and animals
lived through out millenniums.

Ultimately I have no reason to withdraw the hope,
It will come to pass and I will know at resurrection
What has changed in the universe and earth again?
This is not the first change to the universe at large
constantly keep on adding newly created galaxies
to fill the emptiness in the universe base <> master plan,
This is God's instantaneous and amphibious creation.

Cielo y tierra desaparecerán

Cielo y tierra desaparecerán, pero mi palabra nunca pasara.
Marcos 13:31

Este es un dicho duro, cielo y tierra desaparecerán. En nuestro entendimiento significa que dejara de ser, y que pasara fuera de la vista o se perderá. Pero Cristo sabía que puede cambiar el cielo y la tierra transformada en un destino y en una forma diferente para dar cabida a las almas de humanos y animales que vivirán a través de milenios.

¿En última instancia, no tengo ninguna razón para retirar la esperanza, vendrá a pasar y sabré en resurrección lo que ha cambiado en el universo y la tierra de nuevo? Este no es el primer cambio al universo en general constantemente se siguen agregando galaxias recién creadas, para llenar el vacío en la base del universo <>plan maestro, es la creación instantánea y anfibia de Dios.

Love God and fit into his plan

And we know that all that happens to us is working
For our good if we love God, and if we are fitting
into his plan. Romans 8:28

To fit into God's plan is a philosophical question,
We have no knowledge what the sentence means,
And yet we know when we are in God's plan,
because our heart is racing to be good and obey.

Obey what? Is the essence of loving our day and night?
Therein are glory and the immaculate love of our dear God,
He gives us life and love to be with us until the has come,
to return home and live eternity in the heavenly place.

How easy the living among humans and animals alike,
In a fraction of a moment we forget the existence of God
Align ourselves with the tempter and live many moments
at a time until we remember God.

When nastiness has dominated our life where is my God?
Then I remember and invite God into my life, immediately
he comes and listens to my plight and allows to live his plan
then I know why he was gone because I did not invite him in.

Ama a Dios y encaja en su plan

Sabemos que todas las cosas obran para el bien de los que aman a Dios,
los que han sido llamados según su propósito. Romanos 8:28

Para encajar en el plan de Dios es una cuestión filosófica
no tenemos conocimiento de que la frase significa y sin embargo,
sabemos que estamos en el plan de Dios, porque nuestro corazón
está corriendo para ser bueno y obedecer.

¿Obedecer que? ¿Es la esencia de amar a nuestro día y noche?
En ella son la gloria y el amor Inmaculado de nuestro querido Dios.
Él nos da vida y amor para estar con nosotros, hasta que él haya venido,
para regresar a casa y vivir por la eternidad en el lugar celestial.

Qué fácil la vida entre seres humanos y animales por igual, en fracción
de un momento olvidamos la existencia de Dios, nos alineamos nosotros
mismos con el tentador y vivimos muchos momentos hasta que recordamos a Dios.

Cuando la maldad ha dominado nuestra vida ¿dónde está mi Dios?
Luego recuerdo e invito a Dios a mi vida, inmediatamente viene y escucha
mi situación y me permite vivir su plan, entonces sé por qué él se había ido,
porque no lo invite a entrar en mí...

If God is with us <> who can be against us

What can we ever say to such wonderful things as these?
If God is on our side, who can ever be against us?
Romans 8: 31

To be inspired in graces and immaculate life style,
No negative changes can penetrate into our existence,
It keeps on trying but the windows are shut closed,
The tempter has virtually no immaculate influence.

When God is with us opponents cannot be against us.
They have no power and their directions are mute,
They cannot be heard because their talk is insane,
God's love is prominent and clings to our inner heart.

To keep this wonderful existence and simple life style,
We should consistently be in communication with God,
Who will keep us healthy and always do what we want,
But, unless I live my life in God's grace nothing is done.

Si Dios está con nosotros <> quien contra nosotros

Ante esto, ¿que diremos? Si Dios está de nuestro lado,
¿quien puede estar contra nosotros? Romanos 8:31

A inspirarse en gracias y estilo de vida Inmaculada, Ningún cambio
negativo puede penetrar en nuestra existencia, sigue intentándolo
pero mantén las ventanas cerradas, que el tentador no tenga prácticamente
ninguna influencia Inmaculada.

Cuando Dios está con nosotros los oponentes no pueden estar
contra nosotros. No tienen ningún poder y sus direcciones están en silencio,
no pueden ser escuchados porque su plática es demente, el amor de Dios
es prominente y se aferra a nuestro corazón interno.

Para mantener esta maravillosa existencia y estilo de vida simple,
deberíamos estar constantemente en comunicación con Dios,
quien nos mantendrá sanos para que siempre hagamos lo que queremos,
pero, al menos que vivamos nuestra vida en Dios, sin la gracia de él nada se hace.

Give Christ first place in your life

And He will give them to you (all your needs)
If you give Him first place in your life and live
as He wants you to. So don't be anxious about
tomorrow too! Matthews 6:33. 34a

This is not too simple and yet it is all in being
if I choose to give Christ first place in my life.
What do I have to do to have the privilege?
Surrender my mind in its entirety and obey
His logic and the life he wants me to live.

The more I choose His presence, the less
Temptations I endure because the devil
Is not present he is not invited to stay,
he wants to get in and be part of the life
I have chosen to be with God and not him.

The minute I sin the devil has a chance coming,
If I ask forgiveness the devil must immediately flee
He is not welcome and has no authority to be,
Because I have chosen Christ to come and love
That is why I can always love God and be with Him.

Dale a Cristo el primer lugar en tu vida

Buscad primero el reino de Dios y su justicia, y todas estas cosas os serán añadidas.
Mateo 6:33. 34

Esto no es tan simple y sin embargo todo está en que si decido darle a
Cristo el primer lugar en mi vida. ¿Qué tengo que hacer para tener el privilegio?
Entregar mi mente en mi totalidad y obedecer su lógica y la vida que él quiere que yo viva.

Entre Más elija su presencia, menos tentaciones que aguantar porque
el diablo no está presente no es invitado a quedarse, él quiere
llegar y ser parte de mi vida he decidido estar con Dios y no con él.

El minuto que peco, el diablo tiene una oportunidad que se viene,
si pido perdón el diablo debe huir inmediatamente, no le es agradable
y no tiene ninguna autoridad, porque he elegido Cristo para que venga
y me ame. Es por eso que siempre puedo amar a Dios y estar con él.

Draw close to God He will do the same

And when you draw close to God, God will draw close to you.
James 4: 8a

It is an easy task to be associated with the Lord my God.
What I do I simply am in contact and in spare moments
consistently acknowledge and speak to God.

The communication is one of consistent adornment
Praising God for his kindness and the multitude of blessings
He gives me without asking for anything in return.

When I am in submission to trivial agitations God withdraws
from my presence. A negative entity enters in my mind,
tempting without ceasing to accept the devils lies.

When we withdraw from God a space in the mind
Allows the devil to be invited and spreads his lust.
Temptations at work bring much discontentment to all.

Prayer brings God instantaneously to the mind and rid the devil
Into the open searching for comfortable stay in another heart,
Hoping that the host will honor his lies and accepts the demon.

Acércate a Dios y él hará lo mismo

Acercaos a Dios y él se acercara a vosotros. Pecadores, limpiad las manos.
Y vosotros, los de doble ánimo, purificad vuestro corazón. Santiago 4: 8

Es una tarea fácil asociarse con el Señor mi Dios. Lo que simplemente
hago es estar en contacto constantemente y en ratos libres hablo con Dios.
La comunicación es un adorno de consistente adoración a Dios por su bondad
y las abundantes bendiciones que él me da sin pedir nada a cambio.

Cuando estoy en sumisión y agitaciones triviales Dios las retira de mi presencia.
Una entidad negativa entra en mi mente, tentándome sin cesar para aceptar
las mentiras del Diablo.

Cuando nos retiramos de Dios, un espacio en la mente permite al diablo ser
invitado y extiende su codicia.
Tentación en función que trae mucho descontento a todos.

La Oración trae a Dios instantáneamente a la mente y nos libera del diablo,
y se abre búsqueda para acomodarse en otro corazón, esperando que el huésped
honre sus mentiras y lo acepte.

Worthlessness

Then when you realize your worthlessness
before the Lord. He will lift you up, encourage
and help you. James 4: 10

Our worthlessness before the Lord is quite supreme,
He does not seek condemnation but a helping hand
His encouragement is not understood because we
do not acknowledge eternal truth and love as His gift.

Love is walking in our boots and each step has significance,
The thing one intends to convey is always clear to hear,
the ears are eager to interfere communicating love divine,
whereas each man has many ways to let the Lord reign.

No matter how we insult the Lord He does not hear,
The response He sends to man is love and peace,
transgressions forgiven in the open will always stay.
Until someday Jesus brings us to His heavenly Father.

Inutilidad

Humillaos ante el señor y el los exaltara. Santiago 4:10

Nuestra inferioridad ante el Señor es absolutamente Suprema,
él no busca condena si no una mano amiga que su aliento no es
entendido porque no reconocemos la verdad eterna y el amor como su regalo.

Amor es caminar en nuestras botas y cada paso tiene un significado,
lo que uno pretende transmitir está siempre claro para escuchar,
las orejas están ansiosas por interferir comunicación con el amor divino,
Considerando que cada hombre tiene muchas formas para dejar reinar al Señor.

No importa cómo ofendamos al Señor el no escucha, la respuesta que él
envía al hombre es amor y paz, las transgresiones perdonados permanecerán
siempre en el aire. Hasta que algún día Jesús nos lleve con su padre celestial.

Anything is possible if you have faith

Jesus said. "Anything is possible if you have faith.
Mark 9: 23

I believe in a personal God, in his Son Jesus Christ,
and in the mission in church. Admittedly, a man's
view of God is an extremely personal matter. And
his relationship with GOD is perhaps the most
intimate thing in his entire life.

Faith is in the persuasion of the mind that a certain
Statement is true. Belief is in the assent to the truth
Of what is declared by another, based on his authority
and truthfulness. Jesus said, anything is possible
if you have faith.

Faith is an understanding that if I believe that my illness
will be cured by Jesus' intervention then it will. It
Becomes the reasoning of my mind over the matter,
Faith has certain power and ultimate curability which
is true in the form of a divine miracle.

Miracles occur quite frequently because many people
Pray ceaselessly and when the condition is right, the
request is made, Jesus intervenes and the illness
is gone away. Doctors attribute the change to
their medicine and treatment and not to God.

Todo es posible si tienes fe

Y Jesus dijo, "si puedes creer, al que cree todo le es posible".
Marcos que 9:23

creo en un Dios personal, en su hijo Jesucristo y en la misión de la Iglesia.
Es cierto que la visión de un hombre de Dios es un asunto muy personal.
Y su relación con Dios es quizás lo más íntimo en toda su vida.

La fe está en la persuasión de la mente, una cierta declaración es verdadera.
En el dictamen conforme a la verdad declarado por otro, la creencia es basado
en su autoridad y veracidad. Jesús dijo: todo es posible si tienes fe.

La fe es un entendimiento que si creo que mi enfermedad se curará por
intervención de Jesús. Entonces Se convierte en el razonamiento de mi mente
sobre la materia, la fe tiene cierta energía y curación definitiva la cual es cierto
en la forma de un milagro divino.

Los Milagros ocurren con bastante frecuencia porque mucha gente ora sin cesar
y cuando la condición es correcta, se hace la petición, Jesús interviene y la
enfermedad desaparece, los doctores atribuyen el cambio

The Task within you is finished

And I am sure that God who began the good
Work within you will keep right on helping you
Grow in His grace until His task within you is
Finished on that day when Jesus Christ returns.
Philippians 1: 6

God is love and in that love He made man to be a toy.
He gave him wisdom and understanding but man
Rejects his gift and looks for pleasure which is unique,
The uniqueness is oftentimes influenced by the devil.

God tolerates this strange arrangement due to choice,
Man obtained the stimuli to choose his lifestyle to his desire
And what it does brings consistently negative living,
in the atmosphere to achieve a better and unique living.

The devil works on dark phenomenon.
This is a negative configuration and interprets it as nice love,
But God is constantly looking for a window to sway man
into his commitment and the Ten Commandments.

God does not influence man to his love He just made him
Aware that they are his to tackle with and be with God
He will give him prosperity, honorable work and health
If man will obey God's rule and low he will reside in God.

La tarea dentro de ti está finalizada

Estoy seguro de que, el que comenzó en vosotros la buena obra,
la irá perfeccionando hasta el día de Jesucristo. Filipenses 1:6

Dios es amor y en ese amor hizo al hombre para ser un juguete.
Le dio sabiduría y entendimiento pero rechaza su regalo y busca
el placer que es único, la singularidad a menudo está influenciada por el diablo.

Dios tolera este arreglo extraño debido a la elección,
el hombre obtuvo los estímulos para elegir su estilo de vida
a su deseo y lo que hace le trae vida consistentemente negativa,
en la atmósfera para alcanzar una vida mejor y única.

El diablo trabaja en oscuro fenómeno. Esta es una configuración
negativa y lo interpreta como agradable amor,
pero Dios está constantemente buscando una ventana al
hombre en su compromiso con los diez mandamientos.

Dios no influye al hombre a su amor sólo lo hizo consciente de abordar
y estar con Dios. Y el le dara prosperidad, trabajo honorable y salud
Si el hombre obedeciera las reglas de dios, residiría con el.

If we are still alive

Then we who are still alive and remain on the earth
Will be caught up with them in the clouds to meet
The Lord in the air and remain with Him forever.
1 Thessalonians 4:17

To imagine the transformation to place at random,
a revelation to those which still exist, however,
next moment will change the obligations in flight,
they will meet the Lord in the air as spirits no doubt.

The simple change from life to spirit is instantaneous,
People believing will have the choice to be with God,
Awesomeness shall be the wonder and love inspired,
Man's historical revelation turns to a gift from Jesus.

To understand this transformation is in belief, a philosophy,
That encourages you to love patriotism and God, it helps
you to aim high and go confidently after the things you want
from life to limitless possibilities to achieve the practical.

Si aun estamos vivos

Luego nosotros, los que todavía estemos vivos,
y permanezcamos en la tierra seremos arrebatados
junto con ellos en las nubes, a recibir al señor en el aire.
y asi estaremos con él para siempre. 1 Tesalonicenses 4:17

Imaginar la transformación para colocar al azar, una revelación
a los que todavía existen, sin embargo, al momento siguiente
cambiará las obligaciones en vuelo, conocerán al Señor en el aire
como espíritus sin duda.

El simple cambio de vida al espíritu es
instantáneo, creyendo la gente tendrá la opción de estar con Dios,
serán la maravilla y amor inspirado, revelación histórica del hombre
se convierte en un regalo de Jesús.

Para comprender esta transformación es en creencia, una filosofía,
que le anima a amar a Dios y al patriotismo, que le ayuda a apuntar
alto e ir con confianza después de las cosas que desea de la vida las
posibilidades son ilimitadas para lograr la práctica.

Christ has given us much

However Christ has given each of us special abilities –
Whatever He wants us to have out of His rich
storehouse of gifts. Ephesians 4:7

Yes indeed Christ has given us an opportunity to be with God,
After we have been awakened Christ will take us to heaven,
Present us to God accept us and let us live in his kingdom,
Each day God will be with us and take away all frustrations,
We will experience a life of splendor and never in pain.

A new heaven created again by God the earth may be new
Water may not be here again life for us will be different,
The earth will be made anew and all we know is gone,
Our movements will be different,
Our existence will be transparent and live like spirits.

We cannot experience the newness which will be with us,
Our imagination is not intelligent enough to visualize the change
But it will come and everything will be God like environment,
Let us live with Him in peace and obedience worshiping God
Who wishes to love us and teach us to be his internal flock?

Cristo nos ha dado que mucho

Sin embargo, a cada uno de nosotros le ha sido dada la gracia
conforme a la medida del don de Cristo. Efesios 4:7

Sí efectivamente Cristo nos ha dado una oportunidad para estar
con Dios, después de que nosotros hayamos sido despertados Cristo
nos llevará al cielo, a la presencia de Dios, quien nos aceptara y nos dejara
vivir en su Reino, todos los días. Dios estará con nosotros y nos quitara
todas las frustraciones, experimentaremos una vida de esplendor y nunca en dolor.

Un nuevo cielo creado por Dios, la tierra y el agua podrán ser nuevas
de nuevo, no podremos estar aquí una vez más, la vida para nosotros
será diferente, se hará de nuevo la tierra y todo lo que conocemos se habrá ido,
nuestros movimientos serán diferentes, nuestra existencia será transparente y
viviremos como espíritus.

No podremos experimentar la novedad que estará con nosotros, nuestra
imaginación no es lo suficientemente inteligente como para visualizar
el cambio pero vendrá y todo será Dios como medio ambiente, nos dejara vivir
con él en paz y obediencia adorando a Dios quien desea amarnos y
ensenarnos a estar en su rebaño interno.

Who conquers will be blessed

Everyone who conquers will inherit all these blessings,
And I will be his God and will be My son. Revelation 21:7

From the beginning God made the mind all knowledge.
"Man's mind is capable of anything – because everything
Is in it, all the past as well as all the future" Joseph Conrad.
However, only a small portion of man's mind is in use the
Remainder is used when God elevates a man to a prophet,
or a genius to declare some wise revelations to the world.

Occasionally man will ask for wisdom and when granted
Understanding is often time added to this request.
Solomon was granted such request because God knew
He wanted it to rule the Israelites who were getting
From time to time disorderly and agitated with boredom
And disbelief. Their restlessness gave much grief.

In all tribulations Israelites conquered the life they lived
God will bring them home and be their God eternity,
Stubbornness they will overcome because they are God
children from Abraham the beginning of their time.
Their history is not very nice they have departed many
times from their God. But God loves them no matter what.

Quien conquista será bendecido

Todos los que conquista heredará todas estas bendiciones,
y yo seré su Dios y él será mi hijo. Apocalipsis 21:7

Desde el principio Dios le dio a la mente todo el conocimiento.
"La mente del hombre es capaz de cualquier cosa, porque todo
está en él, todo el pasado así como todo el futuro" Joseph Conrad.
Sin embargo, sólo una pequeña porción de la mente está en el hombre,
el resto se utiliza cuando Dios eleva un hombre a un profeta, o un genio
para declarar algunas sabias revelaciones al mundo.

Ocasionalmente el hombre pedirá por sabiduría y cuando se le concede
comprensión suele ser tiempo añadido a esta solicitud.
A Salomón se le fue concedido dicha solicitud porque Dios sabia que él
quería gobernar a los israelitas que estaban volviendose, desordenados
y agitado y aburridos de la incredulidad. Su inquietud le dio mucha pena.

En todas las tribulaciones los israelitas conquistaron la vida que vivían.
Dios los llevara a casa y será su Dios eternamente. La terquedad superara
porque son hijos del Dios de Abraham. Desde su comienzo,
su historia no ha sido muy agradable ya que se han apartado muchas veces de su Dios.
Pero Dios les ama pase lo que pase.

God our Father will make your heart sinless and holy

And so God our Father will make your hearts strong,
sinless and holy as you stand before Him, when our
Lord Jesus Christ returns with all who belong to Him.
1 Thessalonians 3: 13

The transformation will take place when Jesus brings
All people that belong to Him, presents them to his Father,
The pure life for mankind will come. The gift of life
Is waiting to be enacted and man will live again.

Living through the days on earth is a blessing, when
Believing in God is the essence; otherwise it is in vain,
Because man cannot change his destination, he will
Live in his environment what he had chosen to exist.

Man's choice is one virtue which he cannot alter,
When the choosing was his game, but truth was not
In his domain he selected to be in the other strain,
And yet he may escape all punishment again.

Lord Jesus will be with him, man may ask to be
Forgiven, in the last second of his existence he may
Asked forgiveness and get it without reservations,
Then on his way to God and eternal liberty.

Dios nuestro padre hará que tu corazón Santo y sin pecado

Así serán fortalecidos vuestros corazones, para que delante
de Dios nuestro Padre podáis presentaros, en irreprensible
santidad, el día en que Jesús, nuestro Señor, regrese junto con
todos los que le pertenecen. 1Tesalonicenses 3:13

la transformación tendrá lugar cuando Jesús traiga a todas
las personas que pertenecen a él, los presentara a su padre,
vendrá la pura vida para la humanidad. El regalo de la vida
está esperando a ser promulgado y el hombre volverá a vivir.

la Vida a través de los días en la tierra es una bendición,
el creer en Dios es la esencia; lo contrario es en vano, porque
el hombre no puede cambiar su destino, vivirá en su entorno
que había elegido para existir.

La elección del hombre es una virtud que él no puede alterar,
cuando la elección fue su juego, pero la verdad no estaba en su dominio.
Él eligió estar en la otra variedad, y aún él podría escapar a todo castigo de nuevo.

El Señor Jesús estará con él, el hombre puede pedir perdón, en el último
segundo de su existencia, él puede pedir perdón y sin reservación,
luego en su camino a Dios y a la eterna libertad.

Happy heart is pure

Happy are those whose hearts are pure,
for they shall see God! Matthew 5:8

The meaning of those hearts that are pure
is an established goal and good phenomenon.
God made pure hearts in each person life,
But humans decided to make it otherwise.

Purity is not a heart to be good to each other,
purity is total communication with the omnipotent,
God will not demand from man allegiance and love
But wait patiently for the human to trust His love.

To be in contact with God man has to be all time
Listening or speaking ceaselessly with his God,
Otherwise he will be separated and the devil
will manipulate man's mind to listen to his lies.

A pure heart is not an easy task, ceaselessness
Is part of the answer when you are in touch?
To stay ceaselessly in touch with the omnipotent
You have to devote a lot of time speaking only to God.

Corazón feliz es puro

Bienaventurados los limpios de corazón, porque ellos verán a Dios.
Mateo 5:8

El significado de esos corazones que son puros es una meta establecida
y un fenómeno bueno. Dios hizo Corazones puros en la vida de cada persona,
pero los seres humanos decidieron hacerlo de otra manera.

La Pureza no es un corazón para ser bueno el uno al otro, la pureza
es la total comunicación con el omnipotente, Dios no exigirá amor
y lealtad del hombre, pero si esperara pacientemente para que el ser humano
a confié en su amor.

Para estar en contacto con Dios el hombre tiene que estar todo el tiempo,
escuchando o hablando sin cesar con su Dios, de lo contrario se separará
y el diablo manipulará la mente del hombre para escuchar sus mentiras.

Un corazón puro no es una tarea fácil, la insistencia es parte de la respuesta
cuando estás en contacto. Mantenerse sin cesar en comunicación
con el omnipotente tienes que dedicar mucho tiempo hablando sólo con Dios.

About the editor

Wilmer A Lopez was born in Honduras Central America. He grew up in a catholic orphanage, where he spent his childhood to his teen years.

Subsequently he was educated in certain institution. He immigrated into the United States in 2006. Afterward he began to teach English language to adult people of the Hispanic community.

Rudy Sikora felt that since the Hispanic community is religiously oriented, he extracted many quotes from the bible in the English language. He wrote poems about each of the quotations.

Wilmer Lopez has edited and corrected the poems in the Spanish language. The purpose of this mission is to advice the reader about the cultural understanding.

Sobre el editor

Wilmer A López nació en Honduras Centro América. Creció en un orfanato católico, donde pasó su infancia y sus años de adolescencia. Posteriormente fue educado en cierta institución. Emigró a los Estados Unidos en el año 2006. Después empezó a enseñar inglés a personas adultas de la comunidad hispana. Rudy Sikora consideró que dado a que la comunidad hispana es de orientación religiosa, él extrajo muchas citas de la Biblia en inglés. Escribió poemas sobre cada una de las citas. Wilmer López ha editado y corregido los poemas al idioma Español. El propósito de esta misión es asesorar al lector acerca de la comprensión cultural.